野菜が \がっつり/ 食べられる

具だくさんドレッシング

産業編集センター

はじめに

ようこそ!
具だくさんドレッシングの世界へ。

「サラダは脇役。あればいいとは思うけど、今日はなくてもまぁ良しとするか」そんな風になるのも忙しい毎日のごはん作りでは、よくあること。肉も魚も野菜もバランスよく取り入れるのがよいとわかっていても、なかなか実践できないのが作り手の悩みです。

「せっかく作っても、生野菜はどうしてもたくさん食べられなくて」という声もよく耳にします。

生野菜だって本当は素材の味だけで充分においしい。シンプルに塩とオリーブオイルだけで楽しむことだってできるのですが、毎日のことだと、どうしても飽きがきてしまうのも事実です。

肉や魚につい手がのびるのは、そこに「おいしい」と感じる「うまみ成分」が多く含まれているから。

ならばそれを逆手にとって、肉や魚を具材に取り入れ、うまみ成分たっぷりのドレッシングを作れば、つい手がのびるサラダになるのでは?

そこから試作スタート。

大人にも子どもにも、男性にも女性にも満足してもらうにはどうすればいいのか。酸っぱいのが苦手な人でも食べられるもの、辛い

のが好きな人が満足できるもの……。

　おいしいと感じる調味料の配合はもちろんのこと、うまみ成分が多い食材の他にもミネラルたっぷりの海藻類やビタミンCたっぷりの果物を取り入れるなど、栄養バランスも考えました。

　火を使わずにできるもの。翌日はより一層おいしくなるもの。

　あれこれ考え作った結果、55種類のドレッシングができあがりました。

　作ってみて、家族と食べてみて実感したのは、つくりおきができるこのドレッシングは、忙しい毎日の強い味方になってくれるということ。

　冷蔵庫からさっと取り出し、切っただけの野菜にかければ、メインおかずともいえるボリューミーでバランスのよい一品ができあがります。

　定番の生野菜、温野菜はもちろん、ごはんやパン、麺類のほか、刺身やフライなどの揚げものにも合うというのも嬉しい発見でした。

　本書が、あなたの食卓に変化と発見をもたらすことができるようならば、とても嬉しいです。

西山京子／ちょりママ

もくじ

Chapter 01
肉ドレッシング

コロネーション チキンドレッシング ……… 12

Main Stuff 鶏ささみ
Category 英国風
Scene 朝・昼・晩

ガパオ風ドレッシング ……… 14

Main Stuff 鶏ひき肉
Category エスニック風
Scene 昼・晩

タコミートドレッシング ……… 16

Main Stuff 牛豚合いびき肉
Category メキシコ風
Scene 朝・昼・晩・弁当

ルーロードレッシング ……… 18

Main Stuff 豚ひき肉
Category 中華風
Scene 昼・晩・弁当

豚肉しょうがドレッシング ……… 20

Main Stuff 豚こま切れ肉
Category 和風
Scene 朝・昼・晩・弁当

エッグスラットドレッシング ……… 22

Main Stuff 卵
Category 洋風
Scene 朝・昼・晩

Chapter 02
魚介ドレッシング

たこのセビチェ風ドレッシング ……… 26

Main Stuff たこ
Category ペルー・メキシコ風
Scene 朝・昼・晩

鮭と焼き海苔のドレッシング ……… 28

Main Stuff 塩鮭
Category 和風
Scene 朝・昼・晩・弁当

バーニャカウダ風 ツナドレッシング ……… 30

Main Stuff ツナ
Category イタリア風
Scene 昼・晩

ちくたまドレッシング ……… 32

Main Stuff ちくわ
Category 中華風
Scene 昼・晩

しらすとキュウリの ドレッシング ……… 34

Main Stuff しらす
Category 和風
Scene 朝・昼・晩

さばみそドレッシング ……… 36

Main Stuff さば缶
Category 和風
Scene 朝・昼・晩

Chapter 03
きのこドレッシング

しいたけ醤油ドレッシング ……… 40

Main Stuff しいたけ
Category 和風
Scene 朝・晩・弁当

まいたけクリーミー ドレッシング ……… 42

Main Stuff まいたけ
Category フランス風
Scene 昼・晩

なめたけ切り干し ドレッシング ……… 44

Main Stuff えのき
Category 和風
Scene 朝・昼・晩

マッシュルームの ハーブドレッシング ……… 46

Main Stuff マッシュルーム
Category イタリア風
Scene 朝・昼・晩

Chapter 04
海藻ドレッシング

こんぶのオイルドレッシング 50
Main Stuff 塩こんぶ
Category 和風
Scene 昼・晩

のりごまドレッシング 52
Main Stuff のり
Category 韓国風
Scene 朝・昼・晩

糸かんてんドレッシング 54
Main Stuff かんてん
Category 中華風
Scene 昼・晩

ひじきと梅肉のドレッシング 56
Main Stuff ひじき
Category 和風
Scene 朝・昼・晩

わかめとじゃこの セミドライドレッシング 58
Main Stuff わかめ
Category 和風
Scene 朝・昼・晩・弁当

Chapter 05
乳製品ドレッシング

カルボナーラ風ドレッシング 62
Main Stuff 生クリーム
Category イタリア風
Scene 昼

オーロラ風ヨーグルト ドレッシング 64
Main Stuff ヨーグルト
Category 洋風
Scene 朝・昼・晩

チーズとかりかりベーコンの ドレッシング 66
Main Stuff 粉チーズ
Category イタリア風
Scene 昼・晩

クリームチーズの タルタルドレッシング 68
Main Stuff クリームチーズ
Category 洋風
Scene 朝・昼・晩

キャラメルオニオン ドレッシング 70
Main Stuff バター
Category 洋風
Scene 朝・昼

Chapter 06
豆ドレッシング

デリサラダドレッシング 74
Main Stuff ミックスビーンズ
Category 洋風
Scene 昼・晩

油揚げとカリカリ梅の ドライドレッシング 76
Main Stuff 油揚げ
Category 和風
Scene 朝・晩・弁当

ジューシー麻婆 ドレッシング 78
Main Stuff 高野豆腐
Category 中華風
Scene 昼・晩

ニラ納豆のナンプラー ドレッシング 80
Main Stuff 納豆
Category エスニック風
Scene 昼・晩

豆腐のイタリアン ドレッシング 82
Main Stuff 豆腐
Category イタリア風
Scene 朝・昼・晩

Chapter 07
薬味ドレッシング

香味ミックスドレッシング —— 86
Main Stuff みょうが
Category 和風
Scene 朝・昼・晩

ねぎと干しえびの
ドレッシング —— 88
Main Stuff 万能ねぎ
Category 韓国風
Scene 晩

大葉とにんにくの
イタリアンドレッシング —— 90
Main Stuff 大葉
Category イタリア風
Scene 昼・晩

しょうがのかやく
ドレッシング —— 92
Main Stuff しょうが
Category 和風
Scene 昼・晩・弁当

焦がしねぎにんにく
ドレッシング —— 94
Main Stuff にんにく
Category 和風
Scene 昼・晩

Chapter 08
木の実&種子
ドレッシング

アーモンドメープル
ドレッシング —— 98
Main Stuff アーモンド
Category エスニック風
Scene 朝・昼・晩

ごまおかかドレッシング —— 100
Main Stuff ごま
Category 和風
Scene 朝・昼・晩・弁当

ココナッツカレー
ドレッシング —— 102
Main Stuff ココナッツ
Category タイ風
Scene 昼・晩

クルミビネグレッド
ドレッシング —— 104
Main Stuff くるみ
Category フランス風
Scene 朝・昼・晩

スペイン風オリーブ
ドレッシング —— 106
Main Stuff オリーブ
Category スペイン風
Scene 昼・晩

Chapter 09
スパイス&ハーブ
ドレッシング

パセリ大根
ドレッシング —— 110
Main Stuff パセリ
Category 和風
Scene 朝・昼・晩

粗切りバジルと松の実の
ドレッシング —— 112
Main Stuff バジル、松の実
Category イタリア風
Scene 昼・晩

クミンのミックスベジ
ドレッシング —— 114
Main Stuff クミン
Category インド風
Scene 朝・昼・晩

パクチーと桜えびの
ドレッシング —— 116
Main Stuff パクチー
Category タイ風
Scene 昼・晩

ねぎ山椒のマヨ
ドレッシング ———— 118
| Main Stuff 山椒
| Category 和風
| Scene 昼・晩・弁当

Chapter 10
野菜ドレッシング

トマトのサルサ風
ドレッシング ———— 122
| Main Stuff トマト
| Category メキシコ風
| Scene 朝・昼

なすときゅうりの
香味ドレッシング ———— 124
| Main Stuff なす、きゅうり
| Category 和風
| Scene 昼・晩

キャロットラペ風
ドレッシング ———— 126
| Main Stuff にんじん
| Category フランス風
| Scene 朝・昼・晩

にらとごま油のドレッシング … 128
| Main Stuff にら
| Category 中華風
| Scene 昼・晩

丸ごとオニオンドレッシング ── 130
| Main Stuff 玉ねぎ
| Category 洋風
| Scene 朝・昼・晩

Chapter 11
果実ドレッシング

はちみつレモンドレッシング ── 134

| Main Stuff レモン
| Category 洋風
| Scene 朝・昼

グレープフルーツ果汁の
ドレッシング ———— 136
| Main Stuff グレープフルーツ
| Category 洋風
| Scene 朝・昼・晩

アップルジンジャー
ドレッシング ———— 138
| Main Stuff りんご
| Category 和風
| Scene 昼・晩・弁当

アボカドケバブ
ドレッシング ———— 140
| Main Stuff アボカド
| Category トルコ風
| Scene 昼・晩

［コラム］
オイルの種類と役割 ———————— 10
酢・柑橘類の種類と役割 ———————— 24
味付け用調味料の種類と役割 ———————— 38
便利な道具・器具 ———————— 48
ストックしておきたい野菜 ———————— 60
ストック野菜の保存方法 ———————— 72
旬の野菜カレンダー ———————— 84
基本のサラダの作り方 ———————— 96
ドレッシングの盛り付けいろいろ ———— 108
世界のドレッシングあれこれ ———————— 120
ドレッシングの保存容器 ———————— 132

本書の使い方

レシピ名のそばに、Main Stuff（主な具材の名前）／Category（何風の味付けに近いのか）／Scene（どんなシーンに役立つか）／調理法マークを載せています。

　［Memo］の欄に、保存方法と日数の目安を載せています。また、調理のポイント、ドレッシングの特徴に関する一言コメントを添えています。
　［相性のいい料理］の欄に、本書掲載の野菜料理の材料と簡単な作り方を載せています。また、掲載料理以外にも相性のいいおすすめ料理も併載しています。

7

本書でいう「ドレッシング」とは

「ドレッシングっていったい何？」「マヨネーズはドレッシングっていわないの？」「たれやソースとは何が違うの？」という疑問を持つ方もいらっしゃると思います。かくいう私も、以前はそんな疑問を持っていました。

　そこで、家庭で手軽に作れる具だくさんドレッシングのレシピをご紹介する前に、「本書でいうドレッシングとは？」についてご説明しておければと思います。

「ドレッシング」という言葉は、日本でもすっかり耳なじみがよくなり、どのご家庭でも、サラダの味付け用として日常的に使用されていることと思います。もともとドレッシングは、外国から日本に紹介されたもので、英語ではSalad Dressing（サラダドレッシング）と言います。洋服のDressと同じ綴りですが、語源は同じ。Dressには、仕上げる、盛りつけるという意味もありますから、まさに野菜に衣服を着せて彩るといったイメージでしょうか。

　サラダをおいしく食べるためのものとして、日本にはまず、アメリカからマヨネーズが入ってきたそうです。日本で製造販売されたのは、大正の終わり頃でした。その後、日本で初めてドレッシングが製造販売されたのは、昭和33年ごろ。その頃からどんどん各家庭に浸透していったようで、私が小さい頃には当たり前のように家にありました。

　日本では市販のドレッシングにしっかりと定義づけがされているようです。参照したのは、農林水産省の資料や全国マヨネーズ・ドレッシング類協会の資料。農林省が昭和50年に掲げ、農林水産省によって平成20年に最終改正された定義には、

「ドレッシング」は、食用植物油脂と食酢又はかんきつ類の果汁を主原材料（必須原材料）として、食塩、砂糖類、香辛料等を加えて

調製し、水中油滴型に乳化した半固体状若しくは乳化液状の調味料又は分離液状の調味料であって、主としてサラダに使用するものです。

とあります。

　JAS法に基づく「日本農林規格（JAS）」及び「ドレッシング及びドレッシングタイプ調味料品質表示基準」では、種類が大きく3つに分けられ、1つ目は、「半固体状ドレッシング」といって、固体でも液体でもない一定の粘度（とろみ）をもったもの。2つ目は「乳化液状ドレッシング」。3つ目は「分離液状ドレッシング」です。ちなみに、マヨネーズは1つ目の「半固体状ドレッシング」に入るようです。
　近頃は、健康への気遣いもあり、ノンオイルドレッシングというものもよく見かけるようになりましたが、これは「ドレッシングタイプ調味料」に属するそうで、それら全部を「ドレッシング類」と総称しているようです。

　本書では、これらの定義にもとづくものを主としながらも、進化系ドレッシングとして、ドライドレッシングも紹介しています。食感が楽しめる、液だれしないのでお弁当使いに便利など、色々な特徴がありますので、ご活用下さい。

　また、油と酢以外のものを配合して作った、いわゆるタレやソース（料理に使う液状、あるいはペースト状の合わせ調味料）と呼ぶべきものもいくつか含んでいますが、ここでは、「野菜料理の味をよくする目的で配合されたもの」として、すべてドレッシングと呼んでいます。
（産業編集センター編集部）

Column 01
オイルの種類と役割

米油

米ぬかから抽出される植物油

玄米をついて白くする（搗精）をする際に出る「米ぬか」が原料。日本の主食である米から出来るため、ほぼ国産で賄える唯一の植物油です。加熱による酸化がしにくいと言われています。サラっとした味わいで使いやすく、ドレッシング全般に使えます。

オリーブ油

オリーブの果実から抽出される植物油

オリーブの果実をそのまま絞ったものはバージンオリーブオイル。酸度が0.8％以下のものはエキストラバージンオリーブオイル。酸化しにくいので加熱調理にも。イタリア、スペイン風のドレッシングはもちろん、醤油を合わせて和風ドレッシングにも。

ごま油

焙煎したごまから抽出される植物油

ごまが圧縮される前の焙煎の具合によって色と香りが変わります。時間をかけて高い温度で焙煎するほど色は濃くなり、香りも濃厚に。中華風、韓国風ドレッシングは定番ですが、和風ドレッシングの風味づけにも役立ちます。

バター

牛乳を分離して撹拌した動物性油脂

牛乳をクリームに分離、撹拌して作った脂肪の塊を洗浄したのち、脂肪分以外のバターミルクを除去して作られます。牛乳から作ることができるため、手作りする人も。液体ものには不向きですが、汁気の少ないドレッシングに使うことでバターの風味とコクが生かせます。

ココナッツオイル

成熟したココヤシの実から抽出される植物油脂

ココヤシ果実（ココナッツ）の巨大な種子内部の胚乳から抽出して精製されるヤシ油。酸化しにくいという特徴をもつ飽和脂肪酸90％を含むため、品質は約2年もの間保つと言われてます。ココナッツミルクを使うことが多いタイ風などに。生野菜よりも温野菜向けのドレッシングで使うとよいでしょう。

Chapter 01
肉ドレッシング

肉はイノシン酸といううまみ成分を含んでいます。
この章では、牛、豚、鶏の肉を使い、
うまみとコクを引き出す調味法を提案します。

01 肉ドレッシング

| Main Stuff 鶏ささみ | Category 英国風 | Scene 朝・昼・晩 |

コロネーション チキンドレッシング

電子レンジ

材料

1. 鶏ささみ…2本
2. 玉ねぎ…¼個（50g）
3. オレンジジュース(果汁100%)…大さじ2
4. 塩…小さじ½

A
- 5 マヨネーズ…大さじ1
- 6 白ワインビネガー…小さじ2
- 7 カレー粉…小さじ½
- 8 こしょう…少々

9. レーズン…20g

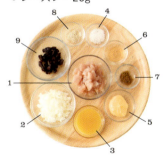

作り方

- ささみは筋がある場合はとり、さいの目に切る。
- 玉ねぎはみじん切りにする。

1. 耐熱ボウルにささみ、玉ねぎ、オレンジジュース、塩を合わせて和える。ふんわりとラップをして電子レンジで3分加熱する。
2. Aを加えて混ぜ合わせたら、レーズンを入れて塩で味を調える。
3. 粗熱がとれたら冷蔵庫で冷やす。

Memo

[保存]冷蔵庫で1週間程度。
- ささみは筋が多いですが、丁寧に下処理することで食感が滑らかになります。
- カレー粉は、味にパンチをきかせたければ多めに入れて下さい。
- レーズンは、お好みで足したり引いたりして下さい。

相性のいい料理

アボガドサラダ
お皿にサニーレタスを敷き詰め、一口大に切ったアボカドと半分に切ったミニトマトを載せる。

01 肉ドレッシング

| Main Stuff 鶏ひき肉 | Category エスニック風 | Scene 昼・晩 |

ガパオ風ドレッシング

フライパン

材料

1. 鶏ひき肉…150g
2. ピーマン…3個（約100g）
3. にんにく（みじん切り）…1片分
4. 油…大さじ1

A
5. ナンプラー…大さじ1
6. オイスターソース…大さじ1
7. はちみつ…大さじ1
8. バジル（ドライ）…小さじ1
9. レッドペッパー…適量

10. レモン汁…½個分（小さじ2）

作り方

・ピーマンはさいの目に切る。

1. フライパンににんにく、油を入れて熱し、鶏ひき肉、ピーマンを順で入れて炒める。
2. 鶏肉の色が変わったらAを加えてひと炒めする。
3. 火を止めてレモン汁（又はライム汁）を加えて全体にからめる。温・冷お好みでいただく。

Memo

[保存]冷蔵庫で1週間程度。
・しょうゆの替わりにナンプラーを使うことでよりエスニック感が増します。
・砂糖の替わりにはちみつを使うことでよりマイルドになります。

相性のいい料理

ざく切りキャベツ
キャベツは、甘辛ドレッシングと相性抜群。これにアーリーレッドを加えれば、見た目や食感に変化がつけられます。

01 肉ドレッシング

| Main Stuff 牛豚合いびき肉 | Category メキシコ風 | Scene 朝・昼・晩・弁当 |

タコミートドレッシング

フライパン

材料

1. 牛豚合いびき肉…200g
2. にんにく（みじん切り）…1片分
3. クミン〈パウダー〉…小さじ1
4. チリパウダー…適量
A
5. トマトケチャップ…大さじ2
6. しょうゆ…小さじ2

油…適量

作り方

1. フライパンに油、にんにくを入れて熱し、合いびき肉を入れて炒める。
2. クミン、チリパウダーを入れてさらに炒め、Aを加えてひと炒めする。
3. 辛味をチリパウダーで調える。

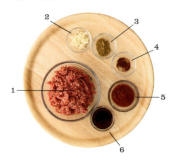

Memo

[保存]冷蔵庫で1週間程度。
- フライパンに合いびき肉を投入する前に、油ににんにくの香りをしっかりうつすのがポイント。
- ほんの少しクミン、チリパウダーを入れるだけでぐっと本格的な味わいになります。

相性のいい料理

モーニングプレート
キャベツ、パプリカ、ピーマンのスライスに、クリームチーズとトーストを添え、ワンプレートディッシュに。

01 肉ドレッシング

| Main Stuff 豚ひき肉 | Category 中華風 | Scene 昼・晩・弁当 |

ルーロードレッシング

材料

1. 豚ひき肉…150g
2. 玉ねぎ…½個（100g）
3. 油…大さじ1

A
4. 酒…大さじ2
5. オイスターソース…大さじ½
6. 黒酢…大さじ1
7. しょうゆ…大さじ1½
8. 砂糖…大さじ1½
9. 五香粉…ひとふり

作り方

・玉ねぎはみじん切りにする。

1. フライパンに油、玉ねぎを入れて熱し、玉ねぎが茶色くなるまで炒める。
2. 豚肉を入れて炒めたら、**A**を加えて汁気を飛ばすように炒める。
3. フライパンの底の汁気にとろみが出てきたら火を止める。

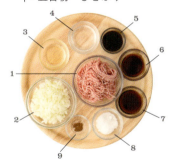

Memo

[保存]冷蔵庫で1週間程度。
・玉ねぎが茶色くなるまで炒めることで甘みが出て豚肉のうまみとからみやすくなります。
・黒酢とオイスターソースだけでも中華風になりますが、シナモン、クローブ、花椒、ウイキョウ、八角などを混ぜ合わせた五香粉（ウーシャンフェン）をひとふりすると、一気に本格的な味に。

相性のいい料理

中華風サラダ
ゆでた青梗菜に半分に切ったゆで卵を添える。
ドレッシングに汁気が少ないので、生野菜よりは汁気を含んだゆで野菜の方が味がなじみやすいです。

01 肉ドレッシング

| Main Stuff 豚こま切れ肉 | Category 和風 | Scene 朝・昼・晩・弁当 |

豚肉しょうが ドレッシング

材料

1 豚こま切れ（又は切り落とし）肉…150g
2 玉ねぎ…½個（100g）
3 しょうが（みじん切り）…1片分
4 しょうが（すりおろし）…1片分
5 油…大さじ1
A　6 しょうゆ…大さじ2
　　7 酢…大さじ2
　　8 みりん…大さじ2
　　9 酒…大さじ1
　　10 砂糖…小さじ2

作り方

・豚肉は細切りにする。
・玉ねぎはみじん切りにする。

1 フライパンにしょうが（みじん切り）、油を入れて熱し、香りが立ったら豚肉、玉ねぎを入れて炒める。
2 全体に油が回ったら**A**を加えてフライパンの底の汁気がとろみがかったら火を止め、しょうが（すりおろし）を加えてひと混ぜする。

Memo

[保存]冷蔵庫で1週間程度。
・しょうがは、油に香りをうつすためのみじん切りと、最後の香りづけのためのすりおろしと2種類用意します。少し手間ですが、この一手間でぐんとおいしくなります。

相性のいい料理

千切りキャベツ
葉野菜と相性がいいドレッシングです。ドレッシングの豚肉が細切りなので、野菜も千切りや細切りの方が味がからみやすいです。

01 肉ドレッシング

| Main Stuff 卵 | Category 洋風 | Scene 朝・昼・晩 |

エッグスラットドレッシング

材料

1. 卵…1個
2. じゃがいも…1個（100g）
3. 牛乳…大さじ2
4. バター（有塩）…10g
5. 白ワインビネガー…小さじ1
6. 塩…小さじ¼
7. こしょう…少々
8. パセリ（ドライ）…適量

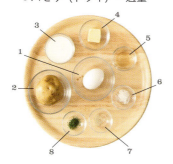

作り方

・じゃがいもは十字の切り込みを入れる。

1. 耐熱ボウルに水にくぐらせたじゃがいもを入れ、ラップをして電子レンジで3分加熱し、上下を返して1分ほど蒸らす。
2. じゃがいもの皮をむき、バターと合わせてマッシャーでつぶす。牛乳、塩、こしょうを加えてなめらかになるまで混ぜる。
3. 耐熱の保存容器に**2**を入れ、ビネガー、卵を落とし入れて容器の蓋をする。
4. 容器が8割程度浸るぐらいの水を入れた鍋を用意し、**3**を入れて火にかけ、沸騰した後10分ほど湯せんで火を入れる。
5. 卵の周りに火が通ったくらいで火からおろし、パセリをふる。

Memo

保存がきかないので、その場で食べきりましょう。

・温かいうちに卵とマッシュされたジャガイモをかき混ぜると味がなじみやすいです。
・お好みに応じて卵の湯せん時間を変えて楽しんでください。

相性のいい料理

温野菜サラダ

蒸しキャベツ、塩ゆでにんじん、塩ゆでブロッコリーの温野菜サラダにバゲットを添えれば、バランスのいいワンプレートに。

Column 02

酢・柑橘類の種類と役割

米酢

米の甘みやまろやかな酸味が特徴

米酢（よねず・こめず）は穀物酢1ℓ当たり米を40g以上使用しているものを言います。アルコールを添加せず、米だけで作られたものが「純米酢」。その他玄米だけを使った「玄米酢」、米酢を熟成させた「黒酢」があります。どんなドレッシングにも使える万能酢。

黒酢

アミノ酸の含有量が多い米酢

米・米麹・水を用いるものだけを黒酢と言います。原料に玄米を多く使い、長い時間をかけて醗酵・熟成しているので、アミノ酸や有機酸、ビタミン・ミネラル類が豊富に含まれています。素材や調味料の個性が強くても負けず、相乗効果でうまみたっぷりに。

白ワインビネガー

ブドウから作られる果実酢

1ℓ当たりぶどうの搾汁を300g以上使用した果実酢。白ブドウから作られる白ワインビネガーは、酸味が強いのでドレッシングやマリネに向いています。ワインの風味で深みのある味わいになります。洋風ドレッシング全般に。

レモン果汁

料理にはフレッシュのものを

柑橘類の中でもトップクラスのビタミンC含有量。皮にはその倍ものビタミンCが含まれているので皮ごといただける食べ方を。防かび剤の心配があるので、国産がおすすめ。フレッシュな酸味がほしい時はマスト。さわやかですっきりとした味に仕上がります。はちみつとの相性もよいので合わせて使うのもおすすめ。

グレープフルーツ果汁

1個で1日のビタミンCが充分に

皮が黄色くて果肉が白い「ホワイト」、皮がややピンクがかり果肉が赤い「ルビー」が代表的な品種。ホワイトに比べるとルビーのほうが甘味が強いです。苦み成分リモノイドとナリンギンはポリフェノールの一種。さわやかな酸味に苦みも加わるので、大人向けのドレッシングに。魚介との相性は抜群。

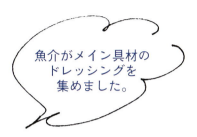

Chapter 01
魚介ドレッシング

魚介も肉同様、イノシン酸といううまみ成分を含んでいます。この章では、気軽に手に入る鮭や調理いらずのさば缶、しらす、ちくわ、たこを使ったドレッシングをご紹介。和風、エスニック風と、調味の仕方も様々です。

02 魚介ドレッシング  非加熱

| Main Stuff たこ | Category ペルー・メキシコ風 | Scene 朝・昼・晩 |

たこのセビチェ風ドレッシング

材料

1 蒸しだこ（生食用）…100g
2 トマト…1個（200g）
3 玉ねぎ…¼個（50g）
4 にんにく（みじん切り）…1片分
A
　5 レモン汁…大さじ1
　6 ハーブ（ドライ：パセリ・オレガノ）…各小さじ1
　7 唐辛子（輪切り）…小さじ1
　8 塩…小さじ1
　9 こしょう…少々

作り方

・たこ、玉ねぎはみじん切りにする。
・トマトは皮をむき、さいの目に切る。

1 たこ、玉ねぎ、トマト、にんにく、Aを合わせ、トマトを軽くつぶすように混ぜる。
2 保存容器に入れ、冷蔵庫で30分以上おいてからいただく。

Memo

[保存]冷蔵庫で1週間程度。
・セビチェはラテンアメリカで食べられている魚介のマリネ。もともとは一品料理ですが、液体調味料の量を多くすることで、コクとうまみたっぷりのドレッシングに。

相性のいい料理

チョップドサラダ
にんじんとセロリはゆでてさいの目切りに。つぶコーンはそのまま投入。

タコス
タコスシートの上にレタス、トマトなどお好みの野菜を載せ、ドレッシングをかけてからくるりと巻く。

27

02 魚介ドレッシング

| Main Stuff 塩鮭 | Category 和風 | Scene 朝・昼・晩・弁当 |

グリル

鮭と焼き海苔のドレッシング

材料
1. 塩鮭…2切れ
2. 焼きのり…全形1枚
3. 白ごま…大さじ1
4. 昆布茶（梅入り）…小さじ1
5. 油…小さじ1

作り方
1. 塩鮭はグリルで焼く。骨とお好みで皮をとり、身をほぐす。皮を入れる場合はみじん切りにする。
2. のりは炙ってちぎって1に加える。
3. 白ごま、昆布茶、油を加えて混ぜ合わせる。

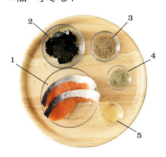

Memo
[保存]冷蔵庫で1週間程度。
・ドライタイプなので、お弁当使いに便利です。
・コクを出すために昆布茶を入れますが、梅入り昆布茶を使うとさっぱりした味わいになります。

相性のいい料理
グリーンサラダ
レタスは手でちぎり、きゅうりは輪切りに。鮭と焼き海苔は調味したあと油を加えてあるので、野菜との味なじみがいいです。
ごはん
ふりかけのようにごはんにかけてもおいしいです。

02 魚介ドレッシング

| Main Stuff **ツナ** | Category **イタリア風** | Scene **昼・晩** |

バーニャカウダ風ツナドレッシング

非加熱

材料
1. ツナ缶(オイル漬け)…1缶
2. にんにく(すりおろし)…大1片分
3. ナンプラー…小さじ2
4. オリーブ油…小さじ2
5. こしょう…少々

作り方
1. 材料を混ぜ合わせる。

Memo
[保存]冷蔵庫で1週間程度。
・バーニャカウダはもともとイタリア・ピエモンテ州の鍋料理で「カウダ」は「熱い」という意味ですが、これをヒントに材料を和えるだけの非加熱処理でできるドレッシングを考えました。

相性のいい料理
スティックサラダ
セロリとにんじんはスティック状に切る。紫キャベツを添えると彩りがいいです。

02 魚介ドレッシング

| Main Stuff **ちくわ** | Category **中華風** | Scene **昼・晩** |

ちくたまドレッシング

材料

1 ちくわ…3本
2 玉ねぎ…½個（100g）
3 にんにく（みじん切り）…1片分
4 しょうが（みじん切り）…1片分
5 ごま油…大さじ1
A 6 酢…大さじ1
　7 しょうゆ…大さじ1
　8 一味唐辛子…3ふり

作り方

・ちくわ、玉ねぎはみじん切りにする。

1 ボウルにちくわ、玉ねぎ、**A**を合わせる。
2 フライパンににんにく、しょうが、ごま油を入れて熱し、香りが立つまで火を入れる。
3 **2**を**1**に入れて全体を混ぜ、粗熱がとれたら手でもんで味をなじませる。

Memo

[保存]冷蔵庫で1週間程度。
・温かいままでも、お好みで冷蔵庫で冷やしてからでも。
・翌日はさらに甘みが増します。

相性のいい料理

豆腐サラダ
角切りにした豆腐に、塩ゆでし半分に切ったオクラと生のまま半分に切ったミニトマトを添える。

02 魚介ドレッシング

| Main Stuff **しらす** | Category **和風** | Scene **朝・昼・晩** |

しらすとキュウリのドレッシング

非加熱

材料

1. しらす…40g
2. きゅうり…½本

A
3. 酢…50㎖
4. 油…大さじ2
5. 砂糖…大さじ1
6. 塩…小さじ⅓
7. こしょう…少々

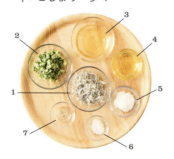

作り方

・きゅうりはみじん切りにする。

1. しらす、きゅうり、**A**を混ぜ合わせる。
2. 冷蔵庫で冷やす。

Memo

[保存]冷蔵庫で1週間程度。
・砂糖が入っているので酢が立ちすぎずマイルドな味になり、酢の物が苦手な人でも美味しく頂けます。

相性のいい料理

トマトサラダ
豆腐、戻したわかめは食べやすい大きさに切る。トマトは半月切りに。

02 魚介ドレッシング

| Main Stuff **さば缶** | Category **和風** | Scene **朝・昼・晩** |

さばみそドレッシング

非加熱

材料
1. さば缶…1缶
2. しょうが（すりおろし）…1片分
3. みそ…小さじ2
4. 酢…小さじ2
5. ごま油…小さじ2
6. 粗びきこしょう…少々

作り方
1. 材料を混ぜ合わせる。

Memo
[保存] 冷蔵庫で1週間程度。
- さばとみそは相性抜群。すりおろししょうがで臭みを消して。
- 酢が入ることでさばのみそ煮をさっぱりさせたような印象のドレッシングになります。

相性のいい料理
大根サラダ
ざく切りした水菜の上に、千切りした大根とにんじんを載せて彩りよく。

Column 03
味付け用調味料の種類と役割

砂糖

甘みだけではない効果

「料理のさしすせそ」の一つに数えられる、中心的な調味料の一つ。さとうきび、てんさい糖など原材料の違いや製造方法の違いもある。甘みを加える以外にもたんぱく質の熱凝固を抑制する、日持ちをさせる、油脂の酸化の抑制をするなどの効果も。

塩

塩は人間の生存に不可欠

海だった土地が地中に埋まり海水が塩分結晶化して地層になったものを採掘した「岩塩」。海水から作られる「海塩」。塩湖などから採取する「湖塩」に分けられる。日本では海水を濃縮した後に煮詰める「海水塩」が多い。ドレッシングの具の色を生かしたいときに◎。

しょうゆ

和に中華にと万能な働き

日本の醤油は大豆、小麦、塩を原料とし、麹菌、乳酸菌、酵母によって発酵、製造されます。大豆由来のうまみ成分アミノ酸と小麦由来の糖による甘みを含んでいるのが特徴。和風、中華風のドレッシングのほか、コクや風味づけのための少量使いも。

味噌

みそは日本の発酵食品

古くから使用されてきた日本の基本的な調味料の一つ。大豆と米を発酵・熟成させた「米みそ」。大豆と麦を発酵・熟成させた「麦みそ」。大豆を発酵・熟成させた「豆みそ」。「調合みそ」（各みそを調合したもの、その他のみそのこと）の4つに分けられる。

ナンプラー

塩味とうまみを加える働き

小魚を発酵させたうわずみ液を熟成させて作るタイを代表する調味料。日本では青森の「しょっつる」や石川の「いしる」に似ています。タイ語の「ナーム（水）」＋「プラー（魚）」が由来。ベトナムの「ニョクマム」と味が近いです。隠し味的味付けにも。

スパイス

スパイスは縁の下の力持ち

植物から採取され、調理の際に香りや辛味、色を出すものの総称で、味に変化をつけたり、食欲を増進させたりする働きをします。さらに臭み消しや素材のうまみを引き立たせる効果もある優れもの。フレッシュとドライの使い分けの楽しみ方も。

Chapter 03
きのこドレッシング

干しシイタケがダシとして使われることが多いことからも
おわかりの通り、きのこは、グアニル酸やグルタミン酸など、
多くのうまみ成分を含んでいます。きのこはうまみに加え、
香りや食感がいいのも特徴です。

03 きのこドレッシング

| Main Stuff しいたけ | Category 和風 | Scene 朝・晩・弁当 |

しいたけ醤油ドレッシング

材料
1 しいたけ…4〜5個
2 しょうゆ…50㎖

作り方
・しいたけはみじん切りにする。

1 天板にしいたけを広げ、オーブントースターで10〜15分ほど焼く。
2 カリカリになったら保存容器に入れ、しょうゆを注いで一晩おく。

Memo
[保存]常温保存可又は冷蔵保存。
・先にしいたけを焼くことで、驚くほど風味がよくなります。
・一晩おくことで、しょうゆにしいたけの香りがうつります。

相性のいい料理
春菊と里芋のサラダ
里芋は蒸して皮を剥き、ざく切りにした生の春菊を添える。

03 きのこドレッシング

| Main Stuff **まいたけ** | Category **フランス風** | Scene **昼・晩** |

まいたけクリーミードレッシング

材料

1. まいたけ…1パック
2. 玉ねぎ…¼個（50g）
3. にんにく（すりおろし）…1片分
4. 油…大さじ1
5. 塩…小さじ½
- A
  6. 生クリーム…大さじ3
  7. 白ワインビネガー…大さじ1
  8. 砂糖…小さじ1
  9. 粗びきこしょう…少々

作り方

・まいたけは石づきを落としてみじん切りにする。
・玉ねぎはすりおろす。

1. 耐熱ボウルにまいたけ、玉ねぎ、にんにく、油、塩を入れて混ぜ、ラップをせずに電子レンジで3分加熱する。
2. Aを加えて味を調え、粗熱がとれたら冷蔵庫で冷やす。

Memo

[保存]冷蔵庫で1週間程度。

・生クリームが入るのでまろやかですが、もったりしすぎないので野菜とからみやすいです。
・にんにくが多めに入っているので味にパンチがあります。

相性のいい料理

サラダ
レタスは手でちぎり、ブロッコリーはゆでる。細く切ってカリッと焼いたベーコンと手で砕いたクラッカーを散らす。

03 きのこドレッシング

| Main Stuff えのき | Category 和風 | Scene 朝・昼・晩 |

なめたけ切り干しドレッシング

電子レンジ

材料
1. えのき…1袋
2. 切り干し大根…30g
3. ごま油…大さじ1½

A
4. 酢…50mℓ
5. しょうゆ…50mℓ
6. みりん…50mℓ

作り方
- えのきは石づきを落とし、長さ1cmに切る。
- 切り干し大根はたっぷりの水でほぐすように洗い、軽く水気を切る。長い場合はキッチンバサミで長さ1cmに切る。

1. 耐熱ボウルにえのき、Aを入れて混ぜ合わせ、ラップをしないで電子レンジで5分加熱する。
2. 切り干し大根、ごま油を加えて混ぜ合わせ、切り干し大根が戻るまでおく。
3. 粗熱がとれたら冷蔵庫で冷やす。

Memo
[保存]冷蔵庫で1週間程度。
- 干した大根は水気がとび、うまみがぎゅっと詰まっています。これをグアニル酸といううまみ成分を含むえのきと合わせることで、うまみが倍増に。

相性のいい料理
豆腐サラダ
豆腐は一口大に手でちぎり、水菜はざく切りにする。

03 きのこドレッシング

非加熱

| Main Stuff **マッシュルーム** | Category **イタリア風** | Scene **朝・昼・晩** |

マッシュルームの
ハーブドレッシング

材料

1 マッシュルーム…2個（70g）
2 フレッシュハーブ（ディル・タイム・オレガノ・バジル・ローズマリーなど）…適量
3 セロリ…50g
4 にんじん…30g

A
　5 オリーブ油…大さじ2
　6 酢…大さじ2
　7 メープルシロップ…小さじ1
　8 塩…小さじ2/3
　9 ピンクペッパー…適量

作り方

・マッシュルーム、セロリ、にんじんはみじん切りにする。

1 材料をすべて合わせる。
2 保存容器に **1** を入れ、冷蔵庫で1時間以上おく。

Memo

[保存]冷蔵庫で１週間程度。
・ローズマリーは香りがきついので、入れる場合は少量がおすすめ。
・ドレッシング自体の彩りがいいので、単一の食材の上からかけるだけで華やかな印象になります。

相性のいい料理

サーモンサラダ
フリルレタスを手でちぎり、水につけて辛みをとったオニオンスライスをのせる。サーモンは刺身用の柵を一口サイズに切る。

チキンオムレツ
鶏ひき肉を加えたオムレツとも相性がよい。

Column 04 便利な道具・器具

切る
包丁

**調理の仕上がりや
スピードが変わる**

切れ味の良い包丁で調理すると食材の断面も綺麗に仕上がり、スピーディーに切れます。使ったあとは洗って水分を完全にふき取って下さい。定期的に研ぐこと、食材以外のものを切らないことも切れ味保持のコツです。〈杉本包丁〉

炒める
フライパン20cm

**大きすぎず
小さすぎず**

大きすぎず小さすぎずの20cmフライパンはドレッシングの具を炒めるのに重宝します。具の量とフライパンの大きさのバランスがいいと作業も後片付けも楽ちん。〈ｔｖｓ SOLIDA チタンコートフライパン 20cm〉

摩り下ろす
おろし器

**実は多種多様の
調理器具**

金属板の表面に刃をつけたもの、鮫皮を利用したもの、竹を加工して三角の刃をもたせたものなど種類はさまざま。銅、アルミ、プラスチックなど材質もさまざまです。調理時間を短縮したい時、野菜の甘みやコクを引き出したい時に。〈マーナ アーチおろし型〉

合わせる
ガラス製耐熱ボウル

**ドレッシング作りでは
ガラス製がマスト**

ドレッシング作りで多く使われる食用油は、ステンレスなどの金属に含まれる金属イオンと化学反応を起こして酸化が進みます。酸化の進んだドレッシングを野菜にかけると、野菜のビタミンや甘味が一緒に流れ落ちてしまいます。〈デュラレックス スタックボウル〉

集める
スケッパー/カード

**使い勝手がよすぎる
調理器具**

お菓子やパン作りの時、生地をまとめたり、切ったり、ならしたりするときに使うスケッパーは、ドレッシングづくりにも大活躍。刻んだ野菜を集めるだけでなく、まな板の水切り、鍋の汚れ取りなどにも使えて便利。〈ホワイトサム ドレッジ〉

冷やす
ホーローバット

**下ごしらえだけでは
もったいない**

ホーロー（琺瑯）は、金属の強度とガラスの光沢、両者の長所を活かした素材で、錆びにくい・腐食に強い・臭いがつかないなど、いいことずくめ。材料をバットに広げるとより早く冷ますことができます。〈野田琺瑯製　月兎印〉

Chapter 04
海藻ドレッシング

こんぶがダシに使われることからわかるように、海藻はグルタミン酸といううまみ成分を多く含んでいます。低カロリーでありながら、ミネラルや食物繊維を豊富に含んでいるので、積極的に摂りたい食材の一つです。

04 海藻ドレッシング

| Main Stuff 塩こんぶ | Category 和風 | Scene 昼・晩 |

非加熱

こんぶの
オイルドレッシング

材料

1. 塩こんぶ…25g
2. にんにく（半分カット）…1片分
3. 塩…5g
4. オリーブ油…100㎖

作り方

1. 保存容器に塩昆布、塩、にんにくを入れてひと混ぜする。
2. オリーブ油を注ぐ。
3. にんにくの香りがオイルにうつるまで半日以上おく。

Memo

[保存] 冷蔵庫で1週間程度。
・底に塩がたまるので、使用するときは底からすくうようにして下さい。
・固まったオイルは、常温でしばらくおくと溶けます。
・塩こんぶ・にんにく・オリーブ油を継ぎ足してもOKです。

相性のいい料理

キャベツサラダ
キャベツをちぎるだけのシンプルなメニューですが、これがよく合います。

04 海藻ドレッシング

| Main Stuff のり | Category 韓国風 | Scene 朝・昼・晩 |

電子レンジ

のりごまドレッシング

材料
1 焼きのり…全形2枚
2 水…50ml〜

A
　3 にんにく（すりおろし）…1片分
　4 ごま油…大さじ1
　5 白ごま…大さじ1
　6 酢…大さじ1
　7 塩…小さじ½
　8 砂糖…小さじ½
　9 水…大さじ1〜2

作り方
・のりはちぎる。

1 耐熱ボウルにのり、水を入れてなじませ、ラップをして電子レンジで2分加熱する。
2 溶くように混ぜ、Aを加えてさらに混ぜて濃度を水で調整する。
3 粗熱がとれるまでおく。

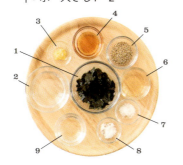

Memo
[保存] 冷蔵庫で1週間程度。
・のりの佃煮のような味わいですが、酢が入ることでさっぱりと食べられます。
・ごま油、白ごまが入ることで、韓国風の味わいになります。
・しけってしまったのりでもおいしく作れます。

相性のいい料理
野菜のナムル
細切りにし、塩ゆでしたにんじん、にんじんと同じ長さに切り、塩ゆでしたほうれん草、塩ゆでしたもやしにドレッシングをからめます。

04 海藻ドレッシング

| Main Stuff **かんてん** | Category **中華風** | Scene **昼・晩** |

糸かんてんドレッシング

非加熱

材料

1 糸かんてん…5g
A
  2 にんにく（すりおろし）…少々
  3 しょうゆ…大さじ1
  4 酢…大さじ1
  5 油…大さじ1
  6 砂糖…小さじ1
  7 白ごま…適量

作り方

・糸かんてんは水に5分ほどつけ、みじん切りにする。

1 材料を合わせ、冷蔵庫で冷やす。

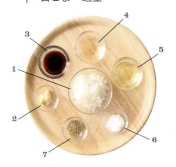

Memo

[保存]冷蔵庫で1週間程度。
・糸かんてんは調味料がしみ込みやすく、食感が楽しめます。
・合わせる野菜は、糸かんてんと同じ形状に切って和えると味なじみがいいです。

相性のいい料理

中華サラダ
細切りしたちくわと、細切りして塩もみしたにんじんときゅうりを和える。ドレッシングの汁気が少ないので、野菜は塩もみやゆで野菜の方が味がなじみやすいです。

55

04 海藻ドレッシング

| Main Stuff ひじき | Category 和風 | Scene 朝・昼・晩 |

ひじきと梅肉のドレッシング

材料

1 ひじき（乾燥）…10g
2 たたき梅…22g（約2個分）
3 にんにく（すりおろし）…1片分
4 油…大さじ1½
A
5 酢…大さじ2
6 砂糖…大さじ1
7 しょうゆ…大さじ1

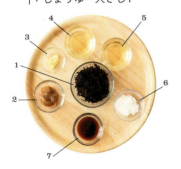

作り方

・ひじきは水に浸して戻し、ざるにあげて水気をきる。

1 フライパンに油を入れて熱し、ひじきを炒める。
2 ひじきの余分な水気が飛んだら火を止め、ボウルに入れる。
3 2にたたき梅、にんにく、Aを加えて混ぜ合わせ、粗熱がとれたら冷蔵庫で冷やす。

Memo

[保存]冷蔵庫で1週間程度。
・ひじきの佃煮のようですが、梅と酢が入ることでさっぱりします。
・にんにくが入ることで香り豊かになります。

相性のいい料理

根菜サラダ
れんこんは短冊切りにし、さっとゆでる。

04 海藻ドレッシング

| Main Stuff **わかめ** | Category **和風** | Scene **朝・昼・晩・弁当** |

わかめとじゃこの
セミドライドレッシング

材料

1 わかめ（乾燥）…10g
2 ちりめんじゃこ…20g
3 しょうが（みじん切り）…1片分
4 ごま油…小さじ2
A 5 砂糖…小さじ1
　 6 薄口しょうゆ…小さじ1
　 7 酢…小さじ1

作り方

・わかめは水でさっと洗い、水気をきる。

1 フライパンにしょうが、ごま油を入れて熱し、香りが立ったらわかめ、ちりめんじゃこを入れて炒める。
2 油が全体に回ったらAを加えてひと炒めする。

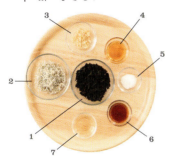

Memo

[保存]冷蔵庫で1週間程度。
・わかめは、水に浸してもどすのではなく、さっと洗うだけでOKです。
・ごま油にしょうがの香りをうつすことで、風味豊かになります。

相性のいい料理

トマトサラダ
トマトはくし型きりか半月切りに。セミドライタイプのドレッシングは野菜にからみにくいので、野菜は大きめにカットし、ドレッシングをトッピングしながら食べるとよいでしょう。

Column 05
ストックしておきたい野菜

トマト

トマトが赤くなると医者が青くなる

ガン予防も期待できる抗酸化作用がある「リコピン」、ナトリウム排泄、血圧を下げる効果の期待できる「カリウム」などの栄養素を多く含んだ食材の代名詞。油脂を組み合わせるとβカロテンの吸収率が上がるのでドレッシングの具材向き。酸味、甘み、色味のほか、適度な水気の役割も。

香味野菜

古くから薬用として利用

強い香り成分「アリシン」を含むにんにくは、油で炒めることで疲労回復効果が一層アップ。強い辛味成分「ジンゲロン」を含むしょうがは、血行をよくして新陳代謝を高めます。どちらも香辛料として利用されることが多いですが、栄養素もしっかり摂れる野菜のひとつ。ぜひ生のものを。

キャベツ

消化促進作用のキャベジン

キャベジン（ビタミンU）という成分を含み、胃の粘膜を強化し、胃炎や胃潰瘍を予防します。キャベツの葉2〜3枚で1日に必要なビタミンCをまかなえると言われます。ビタミンCやUは生のまま食べた方が摂取しやすいので、ドレッシングの具よりも、サラダの方に活用して下さい。

レタス

包丁・まな板いらず

95％が水分で、むくみを解消する「カリウム」、免疫力を高める「ビタミンA」、腸内環境を整える「食物繊維」を含みます。冷やす時は水にさらすより冷蔵庫で冷やした方がビタミンCの流出を防ぎ食感もパリッとします。ちぎるだけでよいレタスは忙しい朝にもってこいの野菜。具だくさんドレッシングを巻いても。

きゅうり

全体の約9割以上が水分

むくみを解消する「カリウム」を多く含み、水分補給にも効果的な食品です。生のまま食べることが多いですが、油で炒めてもおいしく、ぬか漬け、酢漬けなど常備菜にも大活躍。みじん切りにしても食感を残してくれるうえ、適度な水気の役割も。下ごしらえで青臭みを取ることがおいしさアップの秘訣。

玉ねぎ

辛味こそが薬効成分

辛味成分の「硫化アリル」は抗酸化作用、コレステロールを下げる効果が期待できます。豚肉などに含まれるビタミンB1の吸収率を高める作用があるので一緒にとると疲労回復効果が。みじん切りは甘味や食感に、すりおろしは甘味やうまみに。1つで何役もしてくれる玉ねぎは、ドレッシング作りに大いに役立ちます。

乳製品がメイン具材の
ドレッシングを
集めました。

Chapter 05
乳製品ドレッシング

チーズやバターなどの乳製品にも多くのうまみ成分が
含まれています。乳製品を具材にするよさは、うまみ以外に
コクをプラスすることができること。粘度が高いので、
他の食材と絡みやすく、味にまとまりが出るのも特徴です。

05 乳製品ドレッシング

| Main Stuff **生クリーム** | Category **イタリア風** | Scene **昼** |

カルボナーラ風ドレッシング

材料

1. ベーコン…2枚
2. 生クリーム…100㎖

A
3. 卵黄…2個
4. 酢…小さじ1
5. 塩…小さじ1/3
6. こしょう…少々

7. オリーブ油…大さじ1

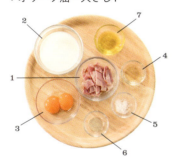

作り方

・ベーコンは幅1cmに切る。

1. フライパンにベーコン、オリーブ油を入れて熱し、ベーコンがかりかりになるまで焼く。生クリームを注ぎ、ひと炒めする。
2. ボウルに**A**を入れて混ぜ合わせ、**1**を加えて混ぜる。
3. **2**をフライパンに戻し、とろみがつくまで弱火で火を入れる。

Memo

[保存]冷蔵庫で1週間程度。

・カルボナーラ風ですが、酢が入ることで色味が濃くなるだけでなく、味も深くなります。

相性のいい料理

春サラダ
グリーンレタスは手でちぎる。アスパラは塩ゆでし、斜め切りに。ミニトマトは半分に切る。

パスタ
パスタの乾麺をアルデンテにゆで上げる。

05 乳製品ドレッシング

 非加熱

| Main Stuff ヨーグルト | Category 洋風 | Scene 朝・昼・晩 |

オーロラ風ヨーグルトドレッシング

材料

1. ヨーグルト（無糖）…大さじ4
2. トマトケチャップ…大さじ1
3. 粉チーズ…大さじ1
4. 酢…大さじ1
5. 油…大さじ1
6. 水…大さじ1
7. 砂糖…小さじ½
8. 塩…小さじ½
9. こしょう…少々
10. ガーリックパウダー（あれば）…少々

作り方

1. 材料を混ぜ合わせる。

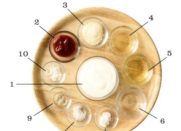

Memo

[保存]冷蔵庫で1週間程度。
・メイン食材のヨーグルトの他に粉チーズを入れることによって、うまみとコクが倍増します。

相性のいい料理

コブサラダ
鶏肉はさとう、塩で下味をつけて酒蒸しにし、さいの目に切る。アボカドは皮をむき、さいの目に切る。きゅうり、トマト、ゆで卵も同様に切る。

05 乳製品ドレッシング

| Main Stuff 粉チーズ | Category イタリア風 | Scene 昼・晩 |

チーズとかりかりベーコンのドレッシング

材料

1. ベーコン…2枚
- A
  2. 粉チーズ…大さじ2
  3. マヨネーズ…大さじ1
  4. 白ワインビネガー…大さじ1
  5. ナンプラー…小さじ1/2
  6. 粗びきこしょう…少々
7. にんにく（すりおろし）…少々

作り方

・ベーコンは細切りにする。

1. 耐熱皿にキッチンペーパーをしき、ベーコンを散らす。ラップをせずに電子レンジで2分加熱し、カリカリにする。
2. 1、にんにく、Aを混ぜ合わせる。冷蔵庫で冷やしてからいただく。

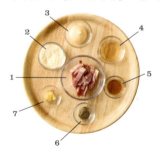

Memo

[保存]冷蔵庫で1週間程度。
・メイン具材の粉チーズの他にマヨネーズが入ることで、うまみとコクがアップします。
・すりおろしたにんにくを最後に入れることで風味豊かになり、味にパンチが出ます。

相性のいい料理

シーザーサラダ
ローメインレタスを手でちぎります。角切りし、オーブントースターでこんがり焼いた食パンを上からちらします。

05 乳製品ドレッシング

| Main Stuff クリームチーズ | Category 洋風 | Scene 朝・昼・晩 |

クリームチーズの
タルタルドレッシング

材料

1. クリームチーズ…45g
2. ゆで卵…2個
3. 玉ねぎ…½個（100g）

A
4. 酢…大さじ1½
5. 砂糖…小さじ1
6. 塩、こしょう…各少々

7. パセリ（ドライ）…適量

作り方

・玉ねぎはみじん切りにする。
・ゆで卵はみじん切りにする。

1. ボウルに玉ねぎ、塩（分量外）をふり、電子レンジで1分加熱する。キッチンペーパーに包んで水気をしぼる。
2. 1、クリームチーズ、Aを合わせ、フォークでしっかりと混ぜる。
3. ゆで卵、パセリ（ドライ）を入れて混ぜる。

Memo

[保存]冷蔵庫で1週間程度。
・卵カッターを使うととっても便利。十字に切り込みを入れるとみじん切りに。
・一見タルタルソースに見えますが、酢が入ることでさっぱりとします。
・グルタミン酸豊富なクリームチーズに、イノシン酸豊富なゆで卵をまぜることにより、うまみが増殖され、深みのある味わいになります。

相性のいい料理

温野菜サラダ
じゃがいもは蒸して半分か4分の1に切る。にんじんは蒸して短冊切りに。スナップエンドウは塩ゆでする。エビは殻をむき、ゆでる。
エビフライ
パン

05 乳製品ドレッシング

| Main Stuff **バター** | Category **洋風** | Scene **朝・昼** |

キャラメルオニオンドレッシング

材料
1. バター（有塩）…30g
2. 玉ねぎ…1個
3. グラニュー糖…大さじ2
4. 白ワインビネガー…大さじ1

作り方
・玉ねぎは薄切りにする。

1. フライパンに玉ねぎ、グラニュー糖を入れてひと混ぜし、中弱火で炒める。薄く色づいてきたら弱火にしてあめ色になるまで炒める。
2. 白ワインビネガーを加えてひと炒めし、バターを入れてからめる。

Memo
[保存]冷蔵庫で1週間程度。
・温かいままで食べても冷やしてもどちらでも美味しいです。

相性のいい料理
キャロットサラダ
手でちぎったグリーンリーフの上に、千切りして塩もみしたにんじんをのせる。バゲットを添えればバランスのいい軽食に。
パンケーキ
塩気がなく甘いドレッシングなので、パンケーキにもよく合います。

Column 06
ストック野菜の保存方法

実野菜

・トマト
ポリ袋に入れて野菜室で2～3日。発泡スチロールの受け皿のまま保存すると熟れすぎを防げます。冷やしすぎるとおいしさが落ちるので気をつけて。

・なす
ラップに包んで野菜室で3～4日。冷やしすぎると縮みます。

・きゅうり
ポリ袋に入れて野菜室で2～3日。乾燥と低温が苦手。

・ピーマン
ポリ袋に入れて野菜室で1週間。水気は痛みの原因に。

・かぼちゃ
新聞紙に包んで冷暗所に。カットしたものは種とわたを取ってラップに包み野菜室で2～3日。

ハーブ

・バジル、ミントなど
パックのまま冷蔵庫で2～3日。

・ローズマリー、タイムなど
湿らせたキッチンペーパーで根元を包んで密閉容器に入れて冷蔵庫で1週間程度。

・パセリ
束ねたまま水にさしたり、ポリ袋に入れて冷蔵庫で保存。

根野菜

・大根
使いかけはラップに包んで野菜室で3～4日。

・にんじん
ポリ袋に入れて野菜室で3～4日。立てて保存。

・じゃがいも
新聞紙に包んで冷暗所に。夏場はポリ袋に入れて野菜室で数ヶ月。

・ごぼう
泥つきのまま新聞紙に包んで冷暗所に。洗ってあるものは野菜室で2～3日。

茸

・しいたけ
生のものは、ひだを上にして密閉容器に入れて野菜室で保存。早めに使う。

・まいたけ・しめじ
パックのまま野菜室で保存。

・えのきたけ
真空パックのものは野菜室で1週間程度。

・マッシュルーム
傷みやすいので早めに使う。

海藻

・海藻
生、塩蔵のものは冷蔵庫で保存。乾物は密閉容器に入れて（乾燥剤を入れて）常温保存。

葉野菜

・キャベツ
新聞紙に包んで冷暗所に。カットしたものはラップに包んで野菜室で保存。

・ほうれん草
新聞紙に包んでポリ袋に入れて野菜室で保存。早めに使う。

・春菊
湿らせた新聞紙に包んでポリ袋に入れて野菜室で保存。早めに使う。

・水菜
新聞紙に包んでポリ袋に入れて野菜室で2～3日。

・にら
キッチンペーパーとラップで包んで冷蔵庫で2～3日。立てて保存。

・ねぎ
新聞紙に包んで冷暗所で保存。

・玉ねぎ
ネットや段ボールなどに入れて涼しく乾燥した場所で保存。

・レタス
外葉で包んでポリ袋に入れて野菜室で2～3日。

Chapter 06
豆ドレッシング

―――――――――

豆はグルタミン酸といううまみ成分を含んでいます。
豆そのものだけでなく、豆腐や油揚げなど、
大豆製品をうまく使うことで、低カロリーながら
ボリュームのあるドレッシングを作ることができます。

―――――――――

06 豆ドレッシング

 非加熱

| Main Stuff ミックスビーンズ | Category 洋風 | Scene 昼・晩 |

デリサラダドレッシング

材料
1 ミックスビーンズ…1袋（125g）
2 アーリーレッド…½個
3 にんにく（すりおろし）…½片分

A
4 オリーブ油…大さじ2
5 白ワインビネガー…大さじ2
6 はちみつ…小さじ2
7 塩…小さじ½
8 こしょう…少々
9 粒マスタード…小さじ1

作り方
・ミックスビーンズは余分な水気があったら水をきる。
・アーリーレッドはみじん切りにし、水にさらして水気をしっかりときる。

1 ミックスビーンズ、アーリーレッド、にんにく、**A**を合わせて和える。
2 保存容器に入れて冷蔵庫で冷やす。

Memo
[保存] 冷蔵庫で1週間程度。
・ミックスビーンズだけだと味がもそもそしますが、アーリーレッドとにんにくを加えることで味がしまり、よい食感が生まれます。

相性のいい料理
デリサラダ
きゅうり、黄色と赤色のパプリカはそれぞれ乱切りにする。

06 豆ドレッシング

| Main Stuff 油揚げ | Category 和風 | Scene 朝・晩・弁当 |

油揚げとカリカリ梅の ドライドレッシング

オーブントースター

材料
1. 油揚げ（厚めのもの）…2枚
2. カリカリ梅…6個（約60g）
3. ごま油…小さじ2
4. 塩…小さじ1/3

作り方
- 油揚げはキッチンペーパーに挟んで余分な油をしっかりと吸い取る。
- 梅は種をとり、細かく刻む。

1. 油揚げはオーブントースターで7〜8分焼き、カリカリにする。1cm角に切る。
2. 油揚げ、梅、ごま油、塩を合わせて混ぜる。

Memo
[保存] 翌日までは常温保存可能。その後は冷蔵保存で1週間程度。
- ドライドレッシングなので汁気がないですが、ごま油が味のまとまりを作ってくれます。
- カリカリ梅は、「梅しば」など粒が大きいものを選ぶと刻むのが楽です。

相性のいい料理
大根サラダ
大根は千切りにし、少し水にさらしてから水気を切る。手でちぎった大葉を散らす。
ごはん
ふりかけのような使い方もできます。

06 豆ドレッシング

フライパン

| Main Stuff 高野豆腐 | Category 中華風 | Scene 昼・晩 |

ジューシー麻婆ドレッシング

材料

1 高野豆腐…2個
2 豚ひき肉…100g
3 長ねぎ…30g
4 にんにく（みじん切り）…1片分
5 油…大さじ1½
6 豆板醤…小さじ1/2
A
　7 水…大さじ2
　8 酒…大さじ1
　9 しょうゆ…大さじ1
　10 黒酢…大さじ1
　11 甜麺醤…小さじ2
　12 塩…少々
　13 砂糖…小さじ1
14 山椒…少々

作り方

・高野豆腐は水で戻し、みじん切りにする。
・長ねぎはみじん切りにする。
・Aを混ぜ合わせる。

1 フライパンに油、にんにく、ねぎ、豆板醤を入れて熱し、香りが立ったら豚肉を入れてひと炒めする。高野豆腐を入れてさらに炒める。
2 全体に油が回ったら、Aを回しかけて炒めて底に汁気が多少残る程度まで炒めたら山椒をふって火を止める。
3 粗熱がとれたら冷蔵庫で冷やす。

Memo

[保存] 冷蔵庫で1週間程度。
・辛味を抑えたい方は、豆板醤を合わせ調味料の中に入れると辛味がやわらぎます。
・山椒が入ることでぐんと風味が増します。

相性のいい料理

炒め青菜
小松菜は塩ゆでし、食べやすい大きさに切る。

06 豆ドレッシング

| Main Stuff 納豆 | Category エスニック風 | Scene 昼・晩 |

ニラ納豆のナンプラードレッシング

材料

1 納豆…1パック
2 にら…¼束
3 しょうが（すりおろし）…1片分
4 唐辛子（輪切り）…適量
A
　5 ナンプラー…小さじ2
　6 酢…小さじ2
　7 油…小さじ2

作り方

・にらは長さ1cmに切る。

1 納豆、にら、しょうが、唐辛子、Aを混ぜ合わせる。

Memo

[保存]冷蔵庫で1週間程度。
・納豆は和のイメージですが、にら、しょうが、ナンプラーが入ることでエスニックな味わいに。
・納豆と調味料だけだと味が弱いので、少しでもいいので唐辛子を加えてください。

相性のいい料理

塩ゆでもやし
もやしはゆでるとくたっとなるので、1袋分ゆでても多すぎません。

06 豆ドレッシング

| Main Stuff **豆腐** | Category **イタリア風** | Scene **朝・昼・晩** |

豆腐のイタリアンドレッシング

非加熱

材料
1. 木綿豆腐…1丁（400g）

A
2. にんにく（すりおろし）…1片分
3. オリーブ油…大さじ2
4. 酢…大さじ2
5. 塩…小さじ1
6. しょうゆ…小さじ1
7. 粗びきこしょう…少々

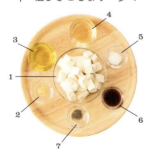

作り方
・豆腐はしっかりと水切りをする。

1. ボウルに**A**を混ぜ合わせてから、さいの目に切った豆腐を加えてざっくりと混ぜる。
2. 冷蔵庫で15分ほどおく。

Memo
[保存]冷蔵庫で1週間程度。
・オリーブオイルをきかせることで、モッツァレラチーズのような味わいになります。

相性のいい料理
イタリアンサラダ
ロメインレタスは手でちぎる。くし型切りにしたトマト、バジルを載せる。

Column 07
旬の野菜カレンダー

春

キャベツ	豆苗
ブロッコリー	さやえんどう
じゃがいも	菜花
玉ねぎ	かぶ
セロリ	カリフラワー
そらまめ	たけのこ
アスパラガス	ミニトマト

夏

トマト	冬瓜
ミニトマト	ズッキーニ
きゅうり	ゴーヤ
なす	モロヘイヤ
かぼちゃ	大葉
レタス	みょうが
オクラ	ししとうがらし
とうもろこし	

秋

さつまいも	まつたけ
やまいも	れんこん
ごぼう	
しいたけ	
しめじ	
まいたけ	

冬

大根	カリフラワー
かぶ	水菜
白菜	さといも
小松菜	にんじん
長ねぎ	ブロッコリー
ほうれん草	

Chapter 07
薬味ドレッシング

薬味は味を何層にも深め、食欲を増進する貴重な具材。
普段は脇役の薬味ですが、
ここではそれらがメインとして生きてくるような配合の
ドレッシングを紹介します。

07 薬味ドレッシング

| Main Stuff **みょうが** | Category **和風** | Scene **朝・昼・晩** |

香味ミックスドレッシング

鍋

材料

1. みょうが…3本
2. にんにく…1片分
3. しょうが…1片分

A
4. しょうゆ…50㎖
5. 酒…大さじ2
6. 砂糖…小さじ2
7. 酢…小さじ1

作り方

・みょうが、にんにく、しょうがはみじん切りにする。

1. 鍋にAを入れて火にかけ、煮立ったら火を止めてみょうが、にんにく、しょうがを入れる。
2. 粗熱がとれるまでおき、冷めたら保存容器に入れる。

Memo

[保存]冷蔵庫で1週間程度。
・シンプルな組み合わせですが、にんにく、しょうがの名コンビにみょうがを入れることで風味がぐんとアップします。

相性のいい料理

焼なす
なすはグリルで焼いてから温かいうちに皮を剥き、一口サイズに切る。ねぎは小口切りにし、パラパラとちらす。
刺身
ごはん
冷や奴

07 薬味ドレッシング

| Main Stuff 万能ねぎ | Category 韓国風 | Scene 晩 |

ねぎと干しえびのドレッシング

非加熱

材料
1. 万能ねぎ…1束
2. 干しえび…10g

A
3. しょうゆ…大さじ2
4. 酢…大さじ1
5. 砂糖…小さじ2
6. ごま油…小さじ2
7. コチュジャン…小さじ2
8. 白ごま…小さじ2
9. 豆板醤…小さじ1

作り方
・万能ねぎは小口切りにする。

1. Aを混ぜ合わせてから、干しえび、万能ねぎの順で入れて和える。

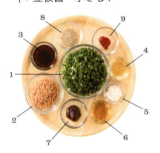

Memo
[保存]冷蔵庫で1週間程度。
・干しえびから驚くほどうま味が出ます。
・万能ねぎが大量に入るので、ねぎの辛さが気になる方は少し寝かせて調味料と味がなじんでから使うとよいでしょう。

相性のいい料理
厚揚げサラダ
サンチュは手でちぎる。その上にさいの目切りにした厚揚げをのせる。
チヂミ
小麦粉と片栗粉を水でとき、ごま油をしいたフライパンで焼き色がつくまで焼く。

07 薬味ドレッシング

非加熱

| Main Stuff **大葉** | Category **イタリア風** | Scene **昼・晩** |

大葉とにんにくの イタリアンドレッシング

材料

1. 大葉…1束（8〜9枚）
2. にんにく（すりおろし）…½片分
3. オリーブ油…50㎖
4. 塩…小さじ½

作り方

・大葉はしっかりと水気をペーパーでとる。手でちぎる。

1. 保存容器に大葉、にんにく、塩を入れ、オリーブ油を注ぐ。
2. ひと混ぜして一晩おいてからいただく。

Memo

[保存]冷蔵庫で1週間程度。
・オリーブオイルとにんにくとの組み合わせならば、バジルでなく大葉でもイタリア風に仕上がります。

相性のいい料理

じゃがいもと豆のサラダ
じゃがいもは電子レンジで蒸してひと口大に切る。枝豆は塩ゆでし、皮から豆を取り出す。

07 薬味ドレッシング

| Main Stuff しょうが | Category 和風 | Scene 昼・晩・弁当 |

フライパン

しょうがの かやくドレッシング

材料

1 しょうが…2片分
2 ごぼう…½本（80g）
3 にんじん…½本（50g）
4 しいたけ…3個
5 昆布（5×5cm）…1枚
6 油…大さじ1
A
7 薄口しょうゆ…大さじ1½
8 酒…大さじ1½
9 酢…大さじ1
10 砂糖…小さじ1
11 水…50㎖

作り方

・しょうが、にんじん、しいたけはみじん切りにする。
・ごぼうは包丁の背でこそぎ落とし、みじん切りにして水にさらして水気をきる。
・昆布はキッチンバサミで小さく切る。

1 フライパンにしょうが、油を入れて熱し、香りが立ったらごぼう、にんじん、しいたけ、昆布を入れて炒める。
2 全体に油が回って野菜に火が通りはじめたら、Aを加えて汁気がなくなるまで炒め煮する。
3 温・冷お好みでいただく。

Memo

[保存]冷蔵庫で1週間程度。
・ごぼうが香りを引き立てます。
・しいたけからもこんぶからもうま味がたっぷり出ます。

相性のいい料理

水菜と油揚げのサラダ
油揚げは細切りに。水菜は油揚げの長さに合わせて切る。
ごはん
白いご飯とドレッシングをまぜ合わせ、かやくご飯にしてもおいしいです。

93

07 薬味ドレッシング

| Main Stuff にんにく | Category 和風 | Scene 昼・晩 |

焦がしねぎにんにくドレッシング

材料
1 長ねぎ…1本
2 にんにく…3片分
3 油…大さじ3
A
　4 しょうゆ…大さじ4
　5 酢…大さじ4
　6 砂糖…大さじ3

作り方
・にんにく、ねぎはみじん切りにする。

1 フライパンににんにく、ねぎ、油を入れて弱火でじっくりとにんにくとねぎが茶色くなるまで炒める。
2 Aを加えて汁気が半分くらいになるまで煮詰める。保存容器に入れる。

Memo
[保存]冷蔵庫で1週間程度。
・にんにくとねぎを甘みが出るまで炒めるので、香りとコクが出ます。

相性のいい料理
そぼろサラダ
サラダほうれん草、半分に切ったミニトマトの上から、炒った鶏ひき肉をまぶす。
つくね
鶏ひき肉を卵と片栗粉でつなぎ、だんご状にして焼く。

Column 06
基本のサラダの作り方

❶ 選ぶ

1日野菜350g摂取が目安

ビタミン・ミネラル・食物繊維が豊富な野菜は、積極的に摂取したい食品です。『緑黄色野菜』は1日120g。『淡色野菜』『きのこ類』『海藻類』1日230g。この区分けを目安にするとさらに野菜のチョイスがしやすくなりますね。

基本のサラダ野菜の選び方

レタスは切り口が白くて10円玉くらいの大きさのものを。トマトは手に持ったときに重みを感じるものを。きゅうりは色が濃く、ハリとツヤがあるものを。にんじんは茎の付け根まで赤いものを。

❷ 切る

基本のサラダ野菜の下準備

レタスは切り口の褐変を防ぐため、刃物ではなく手でちぎると変色がしにくくなります。きゅうりは切った枝つき(ヘタ)と切り口をこすり合わせて白いアクが出たらむき取ってから板ずりをすると、アクがとれて色が鮮やかに。

❸ 水を切る

しっかり水切りできるサラダスピナーがおすすめ!

おいしいサラダを作るコツは、野菜の水切り。水切り不足の野菜を使うと、ドレッシングの味が薄まり、余計にかけてしまうことに。サラダスピナーは、レタスだけでなくキャベツの千切り、オニオンスライスなどにも使えて便利です。

❹ 和える

基本のサラダの作り方

ボウルにたっぷりの水を張ってレタス、きゅうり、にんじんをやさしく洗い、レタスはサラダスピナーでしっかりと水を切ります。食べやすい大きさに切った野菜を冷蔵庫で冷やしている間に酢(ワインビネガー)、塩、こしょうを合わせ、オリーブ油を混ぜながら加えてドレッシングを作り、レタス、きゅうり、にんじんに和え、トマトを散らせば出来上がり。

ワンボウルサラダの作り方

水をしっかりと切った野菜をボウルに入れ、オリーブ油を全体に回しかけ、スプーンとフォークで空気を含ませるように混ぜます。塩、こしょう、酢(ワインビネガー)の順で加え、ざっくりと和えて出来上がり。

クルミ、アーモンド、ごま、オリーブなどの木の実や種子がメイン具材のドレッシングを集めました。

Chapter 08

木の実 & 種子 ドレッシング

ナッツ類は、食物繊維やミネラルが豊富。
美容健康面でも毎日少しずつ食べるとよいと言われていますが、
ドレッシングの具材として使えば無理なく摂ることができます。
香りと食感がよいことも大きな特徴です。

08 木の実&種子ドレッシング

| Main Stuff **アーモンド** | Category **エスニック風** | Scene **朝・昼・晩** |

アーモンドメープルドレッシング

材料

1 アーモンド（ロースト）…30g
2 しょうが（みじん切り）…大1片分
A
　3 メープルシロップ…大さじ3
　4 酢…大さじ2
　5 塩…小さじ1
　6 こしょう…少々

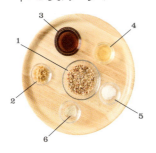

作り方

・アーモンドは細かく刻む。

1 しょうが、**A**を合わせておく。
2 アーモンドをフライパンで乾煎りする。
3 **2**がアツアツのうちに**1**に加えて混ぜる。

Memo

[保存]冷蔵庫で1週間程度。
・アーモンドを乾煎りするひと手間で、香ばしさがぐんと増します。

相性のいい料理

焼肉サラダ
グリーンリーフレタスを手でちぎり皿に敷き詰め、薄切りにしたアーリーレッドを載せ、さらにその上に炒めた牛肉を載せる。

08 木の実&種子ドレッシング

| Main Stuff ごま | Category 和風 | Scene 朝・昼・晩・弁当 |

非加熱

ごまおかか
ドレッシング

材料
1. 白ごま…大さじ2
2. 削り節…4g
3. しょうゆ…大さじ2
4. 砂糖…大さじ2
5. 酢…小さじ2
6. 塩…少々

作り方
1. 材料を合わせる。

Memo
[保存]冷蔵庫で1週間程度。
・ゆで野菜と相性抜群です。
・白ごまは、炒りごまの方が食感がよいですが、なければすりごまでも。

相性のいい料理
塩ゆでほうれん草
ほうれん草を塩でゆでる。

08 木の実&種子ドレッシング

| Main Stuff ココナッツ | Category タイ風 | Scene 昼・晩 |

ココナッツカレードレッシング

材料

1. 干しえび…15g
2. たけのこ（水煮）…100g
3. ピーマン…3個（約70g）
4. 玉ねぎ…50g
5. ココナッツオイル…大さじ1½
6. にんにく（みじん切り）…1片分

A
7. ナンプラー…大さじ1
8. カレー粉…小さじ1
9. 砂糖…小さじ1

10. レモン汁…小さじ2

作り方

・たけのこ、ピーマン、玉ねぎはさいの目に切る。

1. フライパンにココナッツオイル、にんにくを入れて熱し、干しえび、たけのこ、ピーマン、玉ねぎを入れて炒める。
2. 全体に油が回ったら**A**を加えて炒め、余分な汁気がとんだら火を止める。
3. レモン汁を加える。

Memo
[保存]冷蔵庫で1週間程度。
・ココナッツに干しえびのうまみが加わり、コクと香ばしさが引き立ちます。
・具材の種類が多いので、複雑で深みのある味になります。

相性のいい料理
温野菜
かぼちゃ、キャベツは蒸してから食べやすい大きさに切る。

08 木の実&種子ドレッシング

| Main Stuff **くるみ** | Category **フランス風** | Scene **朝・昼・晩** |

非加熱

クルミビネグレッド ドレッシング

材料
1 くるみ…30g
A
　2 酢…大さじ2
　3 油…大さじ2
　4 塩…小さじ1/2
　5 こしょう…少々

作り方
1 くるみは密閉袋に入れてめん棒で砕く。
2 1、Aを混ぜ合わせ、お好みで冷やす。

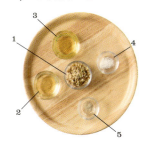

Memo
[保存]冷蔵庫で1週間程度。
・ビネグレットはフランス料理における最も基本的なサラダドレッシングですが、そこにくるみを加えることにより香ばしい味わいになります。
・表面積の広い葉野菜と和える調理法に向いています。

相性のいい料理
フレンチサラダ
サニーレタスは手でちぎる。紫キャベツは乱切り。ミニトマトは半分に切り、きゅうりは斜め切りにして、全体をざっくりと和える。

08 木の実&種子ドレッシング

非加熱

| Main Stuff **オリーブ** | Category **スペイン風** | Scene **昼・晩** |

スペイン風オリーブドレッシング

材料

1. オリーブの実（黒・緑）…20個（約57g）
2. 玉ねぎ…¼個（50g）
3. にんにく（すりおろし）…½片分
4. オリーブ油…大さじ2
5. 酢…大さじ1
6. 白ワイン…小さじ1
7. パプリカ（パウダー）…小さじ1
8. 塩…小さじ½
9. 粗びきこしょう…少々

作り方

- オリーブの実はみじん切りにする。
- 玉ねぎはすりおろす。

1. 材料を混ぜ合わせる。
2. 保存容器に入れて30分ほどおく。

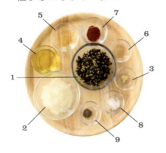

Memo

[保存]冷蔵庫で1週間程度。

- オリーブの実が入るので、作った後時間がたてばたつほど、まろやかなコクが出ます。

相性のいい料理

豆サラダ
じゃがいもは煮てさいの目切りに。ミニトマトはくし型切りに。大豆の水煮と和え、彩りにパセリを添える。
たこのスライス

Column 09
ドレッシングの盛り付けいろいろ

かける

ドレッシングの定番スタイル
生野菜にドレッシングをかけます。具だくさんドレッシングがあれば野菜はシンプルでOK。ドレッシングの色が暖色系なら、緑の葉の他、白色の野菜を入れると一層おいしく見えます。ドレッシングはいただく直前にかけます。

和える

和えるとマリネに
マリネは肉・魚・野菜などを、酢やレモン汁などからなる漬け汁に浸す調理法、またその料理のことを言いますが、ドレッシングなら和えるだけで簡単マリネに。具だくさんだから、マリネする食材は1種類で十分。

添える

ディップサラダスタイル
おもてなしやパーティーの席での箸休めにもなるディップサラダ。時間がたっても野菜の食感を損なわないのもメリットです。スティック野菜だけでなく、葉物野菜もディップサラダに合います。

パセリ、バジル、
パクチーなどのハーブ、
クミンや山椒などのスパイスが
メイン具材の
ドレッシングを
集めました。

Chapter 09
スパイス&ハーブ
ドレッシング

普段は香りづけ、色味づけ、辛みづけなど、
料理のアクセントのために使われることの多い
スパイスやハーブですが、生のままやホールで使うことで、
具だくさん感が出ます。

09 スパイス&ハーブドレッシング

非加熱

| Main Stuff パセリ | Category 和風 | Scene 朝・昼・晩 |

パセリ大根ドレッシング

材料

1 パセリ（生）…15g
2 大根…100g
A ┃ 3 レモン汁…大さじ1
　 ┃ 4 しょうゆ…50㎖
　 ┃ 5 昆布（5×5㎝）…1枚

作り方

・パセリはみじん切りにする。
・大根は皮をむき、みじん切りにする。

1 保存容器にパセリ、大根、Aを合わせる。
2 冷蔵庫で一晩以上おく。

Memo

[保存]冷蔵庫で1週間程度。
・一晩以上おくと昆布のだしがしみ出し味にまろ味が出ます。
・使用する時は昆布を取り出して下さい。

相性のいい料理

なすと豚しゃぶのサラダ
なすは蒸す。しゃぶしゃぶ用の豚肉はさっと湯通しする。

09 スパイス&ハーブドレッシング

非加熱

| Main Stuff バジル、松の実 | Category イタリア風 | Scene 昼・晩 |

粗切りバジルと松の実のドレッシング

材料

1. バジル（生）…15g
2. 松の実…10g
3. にんにく（すりおろし）…1片分
4. アーモンドパウダー…大さじ3
5. オリーブ油…大さじ3
6. 酢…大さじ3
7. 塩…小さじ1
8. 粗びきこしょう…少々

作り方

・バジルは粗く刻む。

1. 材料を合わせる。
2. 保存容器に入れて半日以上おく。

Memo

[保存]冷蔵庫で1週間程度。
・バジルは生を使うので香り高く、にんにく、オリーブオイルとよく合います。
・松の実の食感が楽しめます。

相性のいい料理

マカロニカプレーゼ
サラダマカロニをゆで、くり型切りにしたミニトマトとさいの目切りにしたモッツァレラチーズを和える。

09 スパイス&ハーブドレッシング

| Main Stuff **クミン** | Category **インド風** | Scene **朝・昼・晩** |

クミンのミックスベジドレッシング

材料

1. クミン〈ホール〉…小さじ1
2. トマト…1個（200g）
3. きゅうり…1本
4. 玉ねぎ…¼個（50g）
5. にんにく（みじん切り）…1片分
6. 油…大さじ2
7. 塩…小さじ½

作り方

・トマトはさいの目に切り、きゅうり、玉ねぎはみじん切りにする。

1. ボウルにトマト、きゅうり、塩を合わせておく。
2. フライパンに油、クミン、にんにくを入れて熱し、玉ねぎを入れて半透明になるまで炒める。
3. 2を1に加えて和える。冷めてからいただく。

Memo

[保存]冷蔵庫で1週間程度。
・クミンはホールで使うので香り高く、一気にエスニック感が出ます。

相性のいい料理

エッグライスプレート
キャベツは、ドレッシングをすくって食べるため葉の面積が大きい状態に切る。オムレツ、ごはんと合わせると、バランスのいい一皿に。

09 スパイス&ハーブドレッシング

| Main Stuff パクチー | Category タイ風 | Scene 昼・晩 |

パクチーと桜えびのドレッシング

材料
1. パクチー（生）…50g
2. 桜えび…8g
3. ナンプラー…大さじ3
4. レモン汁…大さじ2
5. 唐辛子（輪切り）…小さじ1〜2

作り方
・パクチーは粗く刻む。

1. 材料を合わせる。
2. 保存容器に入れて半日以上おく。

Memo
[保存]冷蔵庫で1週間程度。
・具材と調味料と合わせた後寝かせることで、パクチーがしっとりし、味なじみがよくなります。

相性のいい料理
ヤムウンセン
春雨はゆでる。アーリーレッドは薄切りに。ミニトマトはくし型切りにし、全体をざっくり和える。

09 スパイス&ハーブドレッシング

| Main Stuff 山椒 | Category 和風 | Scene 昼・晩・弁当 |

ねぎ山椒のマヨドレッシング

非加熱

材料
1. 山椒（粉）…小さじ½
2. 長ねぎ…20g
3. マヨネーズ…大さじ2

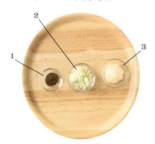

作り方
・ねぎはみじん切りにする。

1. 材料を合わせて15分ほどおく。

Memo
[保存]冷蔵庫で1週間程度。
・長ネギのみじん切りが、具だくさん感と食感を出します。
・山椒は、粉ではなく実を使うと香りと食感がアップします。

相性のいい料理
アジフライサラダ
キャベツは千切りにし、フライにして一口大に切ったアジを載せる。

Column 10
世界のドレッシングあれこれ

アメリカ
アメリカで最も販売数の多い「ランチドレッシング」

バターミルク、サワークリーム、ヨーグルト、マヨネーズ、みじん切りにしたエシャロット、ガーリックパウダー、塩、こしょう、ディルなどの香草を合わせて作ります。

フランス、スペイン
南フランスからスペインまでよく使われる「アリオリソース」

プロヴァンス語のalh（アイ）「ニンニク」とòli（オイル）「油」から成る合成語。ニンニク、卵黄、オリーブ油、レモン汁、塩、コショウなどを合わせて作ります。

タイ
タイの万能ドレッシング「ナム・ヤム」

辛口ドレッシング。生唐辛子、にんにく、パクチー、レモン汁、ナンプラー、やし砂糖（黒糖やきび糖などで代用も可）などを合わせて作ります。

トルコ
ヨーグルト発祥の地の定番「ヨーグルトソース」

トルコではスズメ・ヨーグルトという水切りヨーグルトが料理によく使われます。ヨーグルトソースは、ヨーグルト、塩、にんにくを合わせて作ります。

ブラジル
BBQソースにもなる「ビナグレッチソース」

ブラジル料理に欠かせないソース。みじん切りしたトマト、玉ねぎ、きゅうりなどの野菜、オリーブオイル、ワインビネガー、塩、コショウなどを合わせて作ります。

フランス
フランス料理の基本中の基本「ヴィネグレットソース」

酢、油、塩、こしょうを合わせて作ります。アメリカで生まれた「フレンチドレッシング」は、ヴィネグレットに砂糖、ケチャップを加えてアレンジしたもの。

トマト、きゅうり、なす、にら、玉ねぎなど、野菜がメイン具材のドレッシングを集めました。

Chapter 10

野菜ドレッシング

年を通してスーパーで手に入れやすい野菜を使いますが、
みじん切りにしたりすりおろしたりすることで、
色々な食感のドレッシングを作ることができます。

10 野菜ドレッシング

| Main Stuff **トマト** | Category **メキシコ風** | Scene **朝・昼** |

トマトのサルサ風ドレッシング

材料

A
1. トマト…2個（300g）
2. 玉ねぎ…½個（100g）
3. ピーマン…2個
4. にんにく（すりおろし）…1片分
5. トマトケチャップ…大さじ4
6. 塩…小さじ½
7. こしょう…少々

8. レモン汁…小さじ1
9. タバスコ…適量

作り方

・トマトは皮をむき、さいの目に切る。
・玉ねぎ、ピーマンはさいの目に切る。

1. 鍋かフライパンに**A**を入れて火にかけ、とろみがつくまで10分程度煮る。
2. 火をとめてレモン汁、お好みの量のタバスコを加え、冷めたら冷蔵庫で冷やす。

Memo
[保存]冷蔵庫で1週間程度。
・トマトのみじん切りと相性のいいトマトケチャップを合わせることでコクが出ます。

相性のいい料理
タコサラダ
グリーンリーフは手でちぎる。その上にコーンチップ、シュレッドチーズ、タコミートを載せる。

10 野菜ドレッシング

| Main Stuff なす、きゅうり | Category 和風 | Scene 昼・晩 |

非加熱

なすときゅうりの香味ドレッシング

材料

1. なす…2本
2. きゅうり…1本
3. 大葉…5枚
4. みょうが…1本
5. 塩…小さじ1/2
6. 塩こんぶ…10g
A
7. 酒…小さじ1
8. みりん…小さじ1

作り方

- きゅうり、みょうがはみじん切りにする。
- なすはみじん切りにして水にさらして水気をきる。

1. なす、きゅうり、塩を合わせてしんなりとするまで塩もみする。
2. みょうが、大葉、塩こんぶ、**A**を加えてひと混ぜし、冷蔵庫で15分以上おく。

Memo

[保存]冷蔵庫で1週間程度。
- 野菜は、塩もみする上に塩こんぶが入るので、少し寝かせるだけで味がまとまります。
- 香味野菜もたっぷり入るので、食が進みます。

相性のいい料理

冷奴サラダ
豆腐は食べやすい大きさに切る。トマトも豆腐と同じぐらいの大きさに切る。
冷や奴

10 野菜ドレッシング

非加熱

| Main Stuff にんじん | Category フランス風 | Scene 朝・昼・晩 |

キャロットラペ風ドレッシング

材料

1. にんじん…2本（300g）
2. レーズン…30g
3. にんにく（すりおろし）…½片分
4. 塩…小さじ1½

A
5. 白ワインビネガー…大さじ2
6. オリーブ油…大さじ2
7. はちみつ…大さじ1
8. こしょう…少々

作り方

・にんじんは細切りにする。

1. にんじんと塩を合わせ、塩もみをする。
2. レーズン、にんにく、**A**を合わせて和え、冷蔵庫で冷やす。

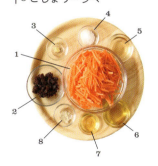

Memo

[保存] 冷蔵庫で1週間程度。
・はちみつでほの甘い味がついていますが、レーズンを加えることで甘みがしっかりします。

相性のいい料理

千切りキャベツ
和えるとコールスローのような味わいになります。

10 野菜ドレッシング

| Main Stuff にら | Category 中華風 | Scene 昼・晩 |

にらとごま油のドレッシング

材料

1 にら…½束
2 ごま油…大さじ2
A
3 しょうゆ…50㎖
4 砂糖…大さじ1
5 酢…大さじ1
6 白ごま…大さじ1

作り方

・にらは長さ1cmに切る。

1 ボウルににら、**A**を入れて混ぜる。
2 フライパンにごま油を入れて熱し、アツアツに火が入ったら**1**にかける。
3 粗熱がとれたら冷蔵庫で保存し、半日以上おく。

Memo

[保存]冷蔵庫で1週間程度。
・調味料を合わせるだけでなく、ごま油を熱するひと手間で、ぐんと香りが立ちます。

相性のいい料理

ゆで豚サラダ
サンチュは手でちぎる。豚ロースの薄切りはさっと湯通しする。塩ゆでして斜め切りしたオクラを添える。

10 野菜ドレッシング

| Main Stuff 玉ねぎ | Category 洋風 | Scene 朝・昼・晩 |

丸ごとオニオンドレッシング

電子レンジ

材料

1 玉ねぎ…1個
A
2 油…大さじ2
3 白ワイン…大さじ1
4 塩…小さじ1½
5 酢…50mℓ
6 砂糖…小さじ1½
7 こしょう…少々

作り方

・玉ねぎは根をとって四つ切にする。

1 耐熱ボウルに玉ねぎ、Aを加えてひと混ぜし、ラップをして電子レンジで5分加熱する。
2 酢、砂糖、こしょうを加えてブレンダーで撹拌する。
3 冷めたら冷蔵庫で冷やす。

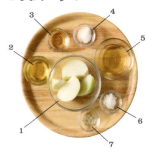

Memo
[保存]冷蔵庫で1週間程度。
・すりおろしたものを加熱するとからみが出てしまうのですが、むらし時間を長くすることで、玉ねぎにさらに甘みが出ます。

相性のいい料理
しらすサラダ
レタスは手でちぎる。トマトはくし型に切る。生わかめは食べやすい大きさに切る。しらすをまぶす。

Column 11
ドレッシングの保存容器

ガラス容器

ドイツで100年以上愛され続ける、WECK

家庭で瓶詰め加工ができるガラス容器。取り扱いが簡単で手間いらず。ドイツの主婦からプロまで幅広く使用され、保存目的だけでなく、スイーツの容器としても使われています。

琺瑯容器

昭和9年から続く国産メーカー、野田琺瑯

直火、オーブン加熱もOKの野田琺瑯。衛生商品の製造からスタートするも、清潔で耐久性に優れていることから、キッチン用品も手がけるように。「日本の琺瑯といえば野田琺瑯」と言われるほどです。

ガラス容器

北フランスのテーブルウェアメーカー、ARC社

ARC（アルク）社のブランドの一つの「リュミナルク」のジャムポット。硬くて軽い、ソーダガラスで出来ています。密閉性があるのに、ふたの開け閉めがしやすく、ふたに溝があるので重ねて収納できます。

ガラス容器

フランス・シャンパーニュ地方生まれ、Le Parfait（ル・パルフェ）の密閉ビン

水に含まれている気体を取り除く「脱気」ができるジャー。バネ式密閉蓋のボーカルジャーと、内蓋と外蓋がセットされたダブルキャップジャー（写真）があります。

陶器

和の食卓にも出せる陶器の保存容器

食器としても使える陶器の保存容器。蓋もついていてシンプルなものほど使い勝手抜群。特におすすめのメーカーはないのですが、雑貨屋さんで見つけたら即買いです！

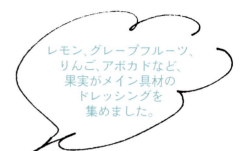

Chapter 11
果実ドレッシング

ドレッシングを作る時には酢を使うことが多いですが、
柑橘系の果物を使えば酸味づけもでき、
切り方の工夫によって具だくさん感も出て一挙両得です。
酸味のないアボカドはコク出しに便利です。

11 果実ドレッシング

| Main Stuff レモン | Category 洋風 | Scene 朝・昼 |

はちみつレモンドレッシング

非加熱

材料

1. レモン…1個
2. はちみつ…大さじ2
3. にんにく（½カット）…1片分
4. 油…大さじ1
5. 塩…小さじ⅔
6. 粗びきこしょう…少々

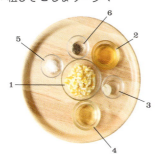

作り方

・レモンは種をとり、皮ごとみじん切りにする。

1. レモン、はちみつ、塩、粗びきこしょうを合わせて混ぜ、油を加えて混ぜる。
2. 保存容器に入れてにんにくを入れ、冷蔵庫で半日ほどおく。

Memo

[保存] 冷蔵庫で1週間程度。

・レモンの皮はしっかりと洗います。国産のものを使うのがおすすめです。

相性のいい料理

かりかりベーコンサラダ
グリーンリーフレタスは手でちぎる。きゅうりは斜め切りにする。ベーコンは切らず、1枚ごとフライパンでかりかりになるまで焼く。

11 果実ドレッシング

| Main Stuff グレープフルーツ | Category 洋風 | Scene 朝・昼・晩 |

グレープフルーツ果汁のドレッシング

材料

1. グレープフルーツ（ホワイト）…1個
2. 玉ねぎ…¼個（50g）
3. にんじん…50g
4. ピーマン…2個
5. オリーブ油…大さじ3
6. 白ワイン…大さじ1
7. にんにく（すりおろし）…⅔片
8. 塩…小さじ½
9. こしょう…少々
10. タイム（あれば）…ふたふり

作り方

・玉ねぎ、にんじん、ピーマンはみじん切りにする。

1. フライパンににんにく、オリーブ油を入れて熱し、玉ねぎ、にんじん、ピーマンをさっと炒める。
2. 白ワインを回しかけ、塩、こしょう、タイムを加えて火を止める。
3. 粗熱がとれたら保存容器入れてグレープフルーツ果汁を加えて混ぜ、冷蔵庫で冷やす。

Memo

[保存]冷蔵庫で1週間程度。
・グレープフルーツ果汁は、酸味と甘みを一度に付加することができ、とても便利です。

相性のいい料理

たこサラダ
たこは薄く切る。薄切りにした後千切りしたアーリーレッドとミックスリーフをちらす。

11 果実ドレッシング

| Main Stuff りんご | Category 和風 | Scene 昼・晩・弁当 |

アップルジンジャードレッシング

材料

1 りんご…1個
2 しょうが（すりおろし）…2片分
A
　3 酒…50mℓ
　4 しょうゆ…50mℓ
　5 みりん…50mℓ
　6 酢…大さじ1
　7 塩…小さじ1/3
　8 油…大さじ1

作り方

・玉りんごはすりおろす。

1 フライパンや鍋にりんご、しょうが、Aを入れてなべ底の汁気が線をかける程度になるまで煮つめる。
2 粗熱がとれたら冷蔵庫で保存する。

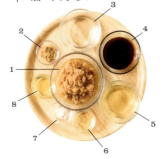

Memo

[保存]冷蔵庫で1週間程度。
・りんごは、酸味と甘みを一度に付加することができ、とても便利です。

相性のいい料理

肉サラダ
グリーンリーフレタスは面積が大きい状態で皿に敷く。豚こまはさっと炒める。かいわれ大根をちらす。

11 果実ドレッシング

| Main Stuff **アボカド** | Category **トルコ風** | Scene **昼・晩** |

アボカドケバブ ドレッシング

非加熱

材料

1. アボカド…1個
2. にんにく（すりおろし）…½片分

A
3. トマトケチャップ…大さじ2
4. レモン汁…小さじ1½
5. 塩…小さじ⅓
6. オールスパイス…3ふり
7. こしょう…少々

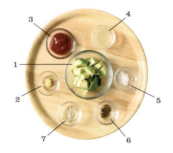

作り方

・アボカドは種にそって切り込みを入れ、種を包丁の角でとって小さめのひと口大に切る。

1. アボカド、にんにく、Aを合わせて和える。

Memo

[保存]冷蔵庫で1週間程度。
・シナモン、クローブ、ナツメグの3つの香りを持つオールスパイスをふることで、味が複雑になり、エスニックな味を演出することができます。

相性のいい料理

トルティーヤサラダ
小麦粉を水でとき、フライパンで焦げ目がつくまで焼いたトルティーヤの上に、千切りキャベツ、焼いた牛肉を載せ、くるっと巻く。

あとがき

具だくさんドレッシングの世界、いかがでしたか?

好みはそれぞれ、味覚もそれぞれ。好きな食材もあれば苦手な食材もある。より好きになったものもあれば食べられなかったものが食べれるようになることもある。子どもに限らず大人にもあることですよね。だからこそ作るのも食べるのも楽しい。

具だくさんドレッシングは、サラダの新しい食べ方。今日は副菜、明日は主菜、食べ方やシチュエーションのバリエーションは無限に広がっていきます。

この本が生まれたのは、産業編集センターの松本さんの発想がきっかけ。ブログなどですでに色々なドレッシングを掲載していた私に声がかかったのですが、新しい世界を発掘する役割が担うことができ、とてもうれしく思ってます。その他、撮影に携わって下さった、カメラマンの公文さん、スタイリストの池水さん、調理アシスタントの根本さんと田口さん、そしてちょりママ家の試食部隊の主(夫)、ちょり(娘)、もんちゃん(息子)。この人たちなしでは、完成に辿り着くことはできませんでした。この場を借りて「ありがとうございます!!!」。

具だくさんドレッシングが、みなさんの、今日のごはんの、明日のごはんの、強い味方になれますように。

2016年4月吉日 　　　　　　　　　　　　　　西山京子／ちょりママ

ここで一緒に本を作った
メンバーのおすすめ
具だくさんドレッシングを
一挙ご紹介。

具だくさんドレッシング世界の発掘者、
松本さん。
P26.たこのセビチェ風ドレッシング
「とにかくすご〜くおいしい!」
P140.アボカドケバブドレッシング
「トルティーヤとぜひ〜〜」

仕事の速いカメラマン、公文さん。
P94.焦がしねぎにんにくドレッシング
「きゅうりに和えただけでも最高!」
P112.粗切りバジルと松の実の
ドレッシング
「マカロニ好きは外せない」

センスと技が光るスタイリスト、
池水さん。
P46.マッシュルームのハーブ
ドレッシング
「食感が新鮮でくせになる〜」
P82.豆腐のイタリアンドレッシング
「豆腐がもはやモッツァレラ!」

みじん切り作業が大好きになった
調理アシスタント、根本さん。
P114.クミンのミックスベジ
ドレッシング
「オムレツとドレがやば〜い」
P128.にらとごま油のドレッシング
「家族が取り合いで大変だった!」

撮影終了後のコーヒーが心に沁みたという
調理アシスタント、田口さん。
P22.エッグスラットドレッシング
「食べる前からおいしいのがわかる」
P56.ひじきと梅肉のドレッシング
「激うま! 梅干し苦手なのに……」

オールジャンルいける
我が家の試食隊長、主。
P50.こんぶのオイルドレッシング
「これはいつも切らさないで!」
P134.はちみつレモンドレッシング
「毎朝食べたい、ベーコン必須!」

渋味・米好き、敏感な舌をもつ10歳の
試食副隊長、ちょり。
P40.しいたけ醤油ドレッシング
「焼きしいたけがしょうゆと
マッチしてるんです!」
P124.なすときゅうりの香味
ドレッシング
「ごはんとも合うんです!」

戦力になるのはもう少し先か?
5歳の試食隊、もんちゃん。
P54.糸かんてんドレッシング
「おれ、これたべた!」

最後に、レシピを考案させていただいた
私のおすすめドレッシング
P44.なめたけ切り干しドレッシング
「エンドレスで食べられます!」
P16.タコミートドレッシングと
P122.トマトのサルサ風ドレッシング
「ワンセットで楽しんで!」

───────────

みなさんのおすすめドレッシングを教えていただけるとうれしいです。

ちょりママ OFFICIAL BLOG
ちょりまめ☺日和

143

Profile

西山京子（ちょりママ）

料理家。調理師。食生活アドバイザー。
飲食店経験を経て、2007年ブログ「ちょりまめ日和」を開設。
「子どもも大人も一緒のごはん」をコンセプトに簡単・時短レシピを日々発信。
メディア、食品メーカーなどのレシピ開発、テーマパークのメニュー開発の他に、新潟県や熊本県など日本各地の農産地を訪れ、WEBを通して農家の声を食卓へ届ける食育活動も多数。
ロングセラー『ちょりママのゼラチンひとふり絶品おかず』他、著書多数。

野菜がっつり食べられる具だくさんドレッシング

2016年4月14日　第1刷発行

西山京子　著

デザイン　　　　細山田光宣・鈴木あづさ
　　　　　　　　（細山田デザイン事務所）
写真　　　　　　公文美和
スタイリング　　池水陽子
調理アシスタント　根本ひろみ・田口恵美

発行　　株式会社産業編集センター
　　　　〒112-0011
　　　　東京都文京区千石4丁目39番17号
　　　　TEL 03-5395-6133
　　　　FAX 03-5395-5320

印刷・製本　萩原印刷株式会社

©2016 Kyoko Nishiyama Printed in Japan
ISBN978-4-86311-131-8　C0077

本書掲載の写真・文章・イラストを無断で転記することを禁じます。
乱丁・落丁本はお取り替えいたします。